TIME
FOR KIDS

Anne Frank

UNA LUZ EN LA OSCURIDAD

Tamara Leigh Hollingsworth

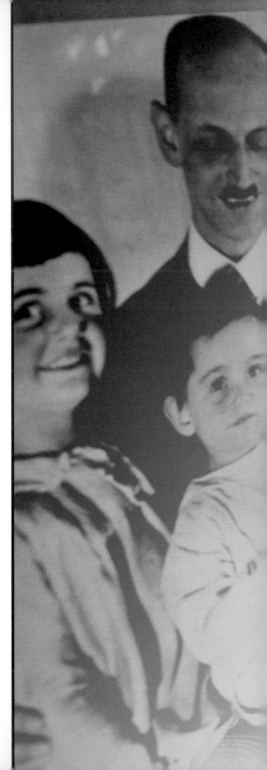

Consultores

Dr. Timothy Rasinski
Kent State University

Lori Oczkus
Consultora de alfabetización

Maureen McNeil
Directora de educación,
The Anne Frank Center

Basado en textos extraídos de
TIME For Kids. *TIME For Kids* y el logotipo
de *TIME For Kids* son marcas registradas
de TIME Inc. Utilizados bajo licencia.

Créditos de publicación

Dona Herweck Rice, *Jefa de redacción*
Conni Medina, *Directora editorial*
Lee Aucoin, *Directora creativa*
Jamey Acosta, *Editora principal*
Lexa Hoang, *Diseñadora*
Stephanie Reid, *Editora de fotografía*
Rane Anderson, *Autora colaboradora*
Rachelle Cracchiolo, *M.S.Ed., Editora
  comercial*

Créditos de imágenes: tapa y contratapa,
págs. 1, 14–15 (abajo), 24, 26, 29, 48: akg-
images/Newscom; págs. 11 (arriba), 17, 20, 28:
Anne Frank Fonds/Anne Frank House via Getty
Images; págs. 9 (abajo), 10, 38: Associated Press;
pág. 22: Hulton-Deutsch Collection/Corbis; págs.
13, 23, 34: Getty Images; pág. 7: Popperfoto/
Getty Images; pág. 5: Sergio Pitamitz/Getty
Images; págs. 9 (arriba), 11 (abajo), 31–33, 37,
39 (arriba): AFF/AFS/Sunshine/Newscom; págs.
25 (abajo), 45: EPA/Anne Frank Fonds Basel/
Newscom; págs. 3, 16, 25 (arriba): EPA/Newscom;
págs. 6, 12: Newscom; pág. 15 (arriba): picture-
alliance/ Judaica-Samml/Newscom; pág. 8:
Picture History/Newscom; pág. 35: ZUMA Press/
Newscom; págs. 18–19, 26, 40–41: Timothy J.
Bradley; pág. 29 (arriba): US Army Photo; todas
las demás imágenes de Shutterstock.

Teacher Created Materials

5301 Oceanus Drive
Huntington Beach, CA 92649-1030
http://www.tcmpub.com

ISBN 978-1-4333-7098-4

© 2013 Teacher Created Materials, Inc.
Printed in China
WaiMan

Tabla de contenido

Capítulo 1

Una niña extraordinaria

Todos los niños sueñan con el futuro y se preguntan cómo será la vida de adulto. Cuando Anne Frank era pequeña, pensaba en cómo sería su vida cuando fuera mayor. Su mundo estaba lleno de miedo. Sin embargo, Anne mantuvo la luz de la esperanza en su corazón.

Anne era una niña **sociable** a quien le encantaba divertirse. Disfrutaba cuando los amigos de su padre venían de visita. Ella los hacía reír. Su madre la llamaba "la pequeña comediante". A menudo se metía en problemas por decir lo que pensaba en la escuela.

Esta niña tan alegre nació en Fráncfort, Alemania, el 12 de junio de 1929. El padre de Anne, Otto Frank, tenía un comercio próspero. Su madre permanecía en casa con Anne y su hermana mayor, Margot. Al igual que muchas familias alemanas, los Frank eran **judíos**.

No obstante, hacia 1945, seis millones de judíos habían muerto. Anne no sobrevivió, pero sus poderosas palabras sí lo hicieron.

PARA PENSAR

- ¿Quién fue Anne Frank?
- ¿Por qué sus escritos son tan importantes para nosotros en la actualidad?
- ¿Cómo podemos honrar su memoria?

Imagina que debes permanecer escondido y en silencio en un ático durante más de dos años.

Tiempos extraordinarios

La familia Frank vivía en Fráncfort desde hacía más de 300 años. Eran banqueros y comerciantes prósperos. Se daban cuenta de que el **antisemitismo** y la hostilidad hacia los judíos eran cada vez mayores. Alemania tenía una población **variada**. Cada uno de los grupos creía en algo diferente. Sin embargo, había un grupo que tenía especial aversión hacia los judíos.

Anne nació justo antes de la **Gran Depresión**. El mundo occidental estaba en **crisis**. Millones de personas habían perdido sus trabajos y no podían encontrar otros. La gente tenía miedo. Querían a alguien a quien culpar.

En Alemania, un hombre llamado Adolf Hitler comenzó a dar discursos llenos de odio. Él echaba la culpa de los problemas de Alemania a cualquiera que pareciera ser diferente. En su mayor parte culpaba a los judíos. En 1933 dirigía el **partido nazi**, un poderoso grupo político. Hitler instaba a las personas a actuar con odio hacia los judíos. Muchas personas judías inocentes fueron despedidas de sus empleos. Algunos tuvieron que cerrar sus comercios. El padre de Anne tuvo que irse de Fráncfort. Quería alejar a su familia del peligro.

Durante la Gran Depresión, millones de personas perdieron sus trabajos, tanto en Estados Unidos como en Alemania.

El poder de Hitler

Hitler era un orador poderoso. Les decía a las personas que, si hacían lo que él decía sin hacer preguntas, volverían a tener dinero, alimento y felicidad. Estas promesas ayudaron a Hitler a adquirir poder en Alemania.

La familia Frank se mudó a Ámsterdam, Holanda, en 1933. Al principio, la vida era más tranquila. Hitler no era poderoso allí. Los Frank creyeron estar a salvo. Como todos los niños, Anne iba a la escuela. Soñaba con ser estrella de cine. Sin embargo, la paz de su niñez no duró.

En mayo de 1940, los nazis atacaron Holanda. Los Frank habían abandonado Fráncfort para escapar de la crueldad hacia los judíos. Y ahora, se enfrentaban a los mismos problemas. Hitler creó nuevas reglas que trataban a los judíos como seres **marginados** e inferiores.

Intrusos

Hitler llamaba a los judíos *intrusos*. Si un libro contenía ideas judías o estaba escrito por una persona judía, Hitler ordenaba que lo quemaran. A los judíos no se les permitía ingresar en lugares como restaurantes, salas de cine o escuelas. Hitler no solo atacaba a los judíos. Hablaba con odio contra cualquiera que no creyera en las mismas cosas que él.

Deutsche!
Wehrt Euch!
Kauft nicht bei Juden!

Un soldado nazi parado frente a un comercio con un letrero que dice lo siguiente: "¡Alemanes! ¡Defiéndanse! ¡No compren a los judíos!"

8

La Estrella de David

La Estrella de David es un símbolo de la fe judía. Los 12 lados de la estrella representan las 12 familias judías originales. Hitler impuso leyes que obligaban a los judíos a usar la estrella. Quería que fuera fácil distinguir a los judíos para que no pudieran esconderse o intentar trabajar juntos.

Jude es la palabra alemana para *judío*.

Los judíos eran obligados a usar la Estrella de David en un lugar donde se pudiera ver con facilidad.

Cambios aterradores

La familia Frank quería lo mismo que otras personas. Querían vivir en libertad y sentirse seguros. Querían estar con sus seres queridos. Tenían la esperanza de que el odio que Hitler sentía hacia los judíos se terminara.

Sueños rotos

Hitler quería destruir todo aquello que los judíos amaban. En 1938, incendió más de 200 **sinagogas** judías. Las calles estaban cubiertas de vidrios rotos por las ventanas rotas. Había tantos vidrios en las calles que el episodio se ganó el nombre de *Noche de los cristales rotos*.

• Margot Frank •

El llamamiento

Cuando a los judíos se les ordenaba presentarse ante los nazis, recibían una *carta de llamamiento*. La intención del nombre era que sonara como algo bueno. Pero la gente sabía que eso significaba que podrían ir a un campamento de trabajo. Las familias judías tenían mucho miedo de recibir una carta de llamamiento.

En 1942, Anne cumplió 13 años. Para su cumpleaños, su padre le regaló un diario. Sería un sitio seguro donde guardar todos sus pensamientos. Poco después la hermana de Anne, Margot, recibió una carta, en la que se le ordenaba presentarse en un campamento de trabajo. Los Frank sabían que la gente que iba allí trabajaba tanto que apenas se sentía humana. Millones de personas que se habían presentado en estos campos nunca más habían sido vistas de nuevo.

Miep Gies

Los Frank sabían que necesitaban hacer algo. Otto le pidió ayuda a su amigo Miep Gies. Ellos sabían que el plan era peligroso. Si los descubrían, los matarían. Sin embargo, quedó decidido: la familia Frank pasaría a la clandestinidad.

Diario de una niña

¿Tu mejor amigo es alguien de la escuela? ¿O quizá es tu vecino o tu mascota? Durante la guerra, el mejor amigo de Anne fue su diario. El diario fue su **confidente** y una fuente de consuelo durante una época muy oscura de su vida. En el diario Anne escribió sobre cosas cotidianas, como el alimento que comía. También escribió sobre la Segunda Guerra Mundial y cómo esta afectó a su familia. Escribir era la pasión de Anne. Ella esperaba que algún día su diario fuera publicado. Incluso editó y reescribió grandes porciones del libro.

Anne creó distintos **alias** para muchas de las personas sobre las que escribió. Pensaba en publicar su diario en el futuro y deseaba proteger a esas personas.

"La parte más agradable es poder escribir todos mis pensamientos y sentimientos; de lo contrario, sin duda me asfixiaría".

—Anne Frank

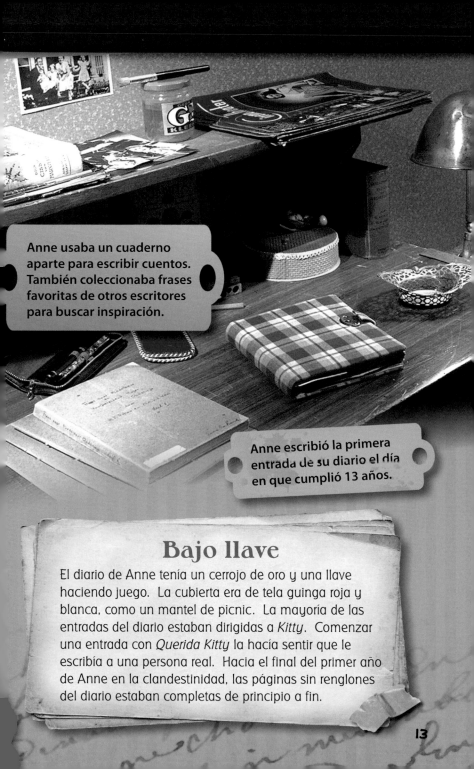

Anne usaba un cuaderno aparte para escribir cuentos. También coleccionaba frases favoritas de otros escritores para buscar inspiración.

Anne escribió la primera entrada de su diario el día en que cumplió 13 años.

Bajo llave

El diario de Anne tenía un cerrojo de oro y una llave haciendo juego. La cubierta era de tela guinga roja y blanca, como un mantel de picnic. La mayoría de las entradas del diario estaban dirigidas a *Kitty*. Comenzar una entrada con *Querida Kitty* la hacía sentir que le escribía a una persona real. Hacia el final del primer año de Anne en la clandestinidad, las páginas sin renglones del diario estaban completas de principio a fin.

Encerrados

Los Frank se mudaron a un pequeño departamento escondido arriba de un depósito. Era necesario que su nuevo hogar permaneciera secreto. No podían llamar la atención sobre sí mismos. No podían despedirse de los amigos. Dejaron atrás muchas de sus pertenencias. Sin embargo, Anne se aseguró de llevar su diario. Más tarde escribió: "Los recuerdos significan más para mí que los vestidos".

Decir adiós

Anne se puso muy triste por tener que dejar a su gato, Moortje. Quería llevarlo con ella, pero no era seguro. Gies regresó al departamento de los Frank para ver que Moortje estuviera a salvo.

El depósito en cuyo ático se escondían los Frank.

Gestapo

La Gestapo era una unidad violenta y peligrosa de la policía. Hitler usaba a la policía para obligar a la gente a contar secretos. Hacían cosas horribles, como por ejemplo sacar a los niños judíos de la calle y enviarlos a los campos. A veces se metían en las casas y robaban todo. Nadie podía detener a Hitler porque la gente sentía terror de la Gestapo.

Heinrich Himmler, jefe de la Gestapo

Aunque era el mes de julio, cada uno de los miembros de la familia Frank "se vistió con **montones de ropa**". La familia no podía ser vista llevando maletas. Caminaron por las calles, fingiendo que todo era normal. Cada uno de sus movimientos estaba destinado a evitar a la **Gestapo**. Cuando llegaron a su nuevo hogar, se dirigieron a la entrada secreta.

Se construyó una biblioteca para esconder la entrada secreta al departamento.

Capítulo 2

El escondite

Detrás de una biblioteca se encontraba su nuevo hogar, el **Anexo Secreto**. En su interior había un pequeño departamento. Tenía dos dormitorios y una cocina pequeña con lugar para leer. En la noche empujaban la biblioteca a un costado. Entonces, los Frank bajaban para estirar las piernas sin correr peligro. La tarea de Gies era llevar a la familia alimentos y otros elementos que necesitaban mientras estaban escondidos. Gies no era judía. Ella podía andar por la ciudad en libertad. Solamente Gies y unas pocas personas sabían que la familia Frank se escondía allí.

El máximo riesgo

Gies, al igual que otras personas que ayudaban a familias judías, se exponía a un gran peligro. Había leyes que prohibían ayudar a los judíos de cualquier modo. Cualquier persona que no obedeciera las órdenes de Hitler podía morir.

Jan y Miep Gies, de pie junto a la entrada de la biblioteca en 1987

la oficina en el depósito

Gies recibió la ayuda de otros valerosos empleados y amigos de los Frank. Victor Kugler, Johannes Kleiman y Bep Voskuijl también los ayudaron.

Cielo azul

A veces, Anne se enojaba o se sentía frustrada por tener que vivir en un lugar tan apretado. Sin embargo, se recordaba a sí misma cuánto peor podía ser la vida. Pensaba en el Anexo como "un pedacito de cielo azul, rodeado de nubes densas y oscuras de lluvia".

Un mundo oculto

El Anexo Secreto era pequeño, pero significaba muchísimo para los Frank. Métete detrás de la biblioteca y entra.

Anne pegaba sobre la pared fotos de estrellas de cine, de arte y de la realeza.

Gies le regaló a Anne un par de zapatos rojos. A Anne le parecieron "¡excepcionalmente hermosos!" Era la primera vez que usaba zapatos de tacón.

Segundo piso

A través de esta ventana, Anne admiraba el enorme castaño que había fuera de la casa.

¡ALTO! PIENSA...

• ¿Qué pertenencias llevarías contigo si tuvieras que esconderte?

• ¿Qué cuarto desearías que fuera tuyo?

• ¿Por qué piensas que a Anne le encantaba sentarse cerca de las ventanas?

A Anne le encantaba escribir en esta mesita.

Tercer piso

19

Un nuevo hogar

Los Frank no eran las únicas personas que vivían en el Anexo Secreto. La familia van Pels también vivía allí con su hijo, Peter. Más tarde otro hombre judío, el Dr. Fritz Pfeffer, vino a vivir con ellos. Estas ocho personas vivían juntas en un espacio pequeño y **estrecho**. La vida en el Anexo era difícil. Todos estaban obligados a cumplir un programa estricto para no ser descubiertos. Por ejemplo, debían permanecer nueve horas en silencio en pleno día. Había personas que trabajaban abajo en la fábrica, y no podían arriesgarse a que los oyeran. Anne escribía en su diario para pasar el tiempo.

Tratar de llevarse bien

Al vivir en un espacio tan apretado, la gente no siempre se llevaba bien. Anne trataba de ser cortés, pero aun así a veces había discusiones.

el dormitorio que Anne compartió, primero con Margot y después con Pfeffer

Permanecer en silencio

Los residentes del Anexo Secreto permanecieron a salvo siguiendo un programa. Evitaban hacer ruido cuando los trabajadores estaban abajo. Así es cómo habrá sido un día en el Anexo Secreto.

6:45 a.m. Nos levantamos temprano.

8:30 a.m. Nos escondemos y permanecemos en silencio porque abajo llegan los trabajadores.

9:00 a.m. Subimos a desayunar cuando llegan los empleados a la oficina. Gies nos visita a todos y recoge la lista de compras.

12:30 p.m. Respiramos con alivio cuando los trabajadores de la fábrica van a sus casas a almorzar.

1:00 p.m. Escuchamos las noticias de la radio mientras se prepara el almuerzo.

2:00 p.m. Nos quedamos lo más quietos posible el resto del día. Dormimos siesta, leemos y escribimos.

5:30 p.m. Disfrutamos de la libertad de la noche cuando los trabajadores de la oficina se fueron a sus casas. Nos esparcimos hacia abajo, al espacio de oficina, hasta la cena.

6:00 p.m. Se sirve la cena cuando la radio transmite las noticias.

9:00 p.m. Nos preparamos para ir a dormir.

10:00 p.m. Vamos a dormir.

Los miembros del Anexo Secreto no sabían cuánto tiempo estarían escondidos. La mayoría pensaba que solamente serían unas pocas semanas. Pero pasó un año entero. La guerra era cada vez peor. Había poca comida. La ropa y los zapatos de los niños ya les quedaban pequeños. La gente estaba cansada, enferma, y anhelaba salir.

En 1942 Hitler trazó un plan cruel. El objetivo de la **Solución Final** era encontrar a los judíos y enviarlos a los campos de exterminio. Los rumores eran aterradores para la familia Frank. Sin embargo, Anne intentó mantener las esperanzas. En su diario escribió que quería recordar que debía sonreír más.

Mirar hacia afuera

Una vez Anne escribió sobre cómo se sentía por estar atrapada en su escondite. "No poder salir me molesta más de lo que puedo explicar, y siento terror de que descubran nuestro escondite y nos maten".

Hitler y el liderazgo nazi

la invasión nazi

El mundo exterior

A veces, por la noche, Anne podía oír las bombas que caían en la ciudad o a los soldados que marchaban en las calles. Cuando tenía miedo, dormía con sus padres en su cuarto.

Un corazón esperanzado

Estaban sucediendo cosas terribles. Pero las personas atrapadas en el Anexo Secreto trataban de animarse unas a otras. Anne y Otto se escribían mutuamente poemas tontos. Todos inventaban razones para celebrar. Anne a menudo apartaba su ración de azúcar para hacer golosinas. Durante todo ese tiempo, ella y Peter se hicieron más unidos. Ambos sabían lo que se sentía vivir escondido. Después de un tiempo, Anne incluso empezó a llamarlo "querido Peter" en su diario.

Anne Frank

El don de la escritura

Escribir poemas era una querida tradición de las familias holandesas. A menudo los poemas se ofrecían como regalo y más tarde se recogían en álbumes de recortes.

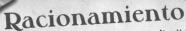

Racionamiento

Durante la guerra, el gobierno limitó la cantidad de alimento, electricidad y dulces que la gente podía tener. Las personas recibían una tarjeta con la cantidad de cosas que podían comprar. El **racionamiento** era difícil y peligroso para Gies. Se suponía que solamente debía comprar para dos personas, y sin embargo también debía comprar suficientes alimentos para las ocho personas que vivían en el Anexo Secreto.

tarjeta de racionamiento alemana

Zusatz-Lebensmitt...
für Hochzeiten
3 Persone...
Ernährungsan...

47066
29. 9. 44

Ausgegeben am
Nicht übertragbar! Nur gültig für die Dauer von 14 Tagen
Abtrennen nur durch Empfänger der Abschnitte

cocina de Gies

El Árbol de Anne Frank

En la actualidad, la Casa de Anne Frank es un museo y un sitio que la gente de todo el mundo visita para honrar a quienes murieron en la guerra. A Anne le encantaba pasar muchas horas admirando el enorme castaño que estaba afuera del Anexo Secreto. Era uno de los árboles más antiguos de Ámsterdam. Su belleza le recordaba la libertad. En 2010, el árbol había envejecido tanto que ya no podía mantenerse en pie. En todo el mundo se han plantado retoños del árbol.

Hoy, el Árbol de Anne Frank continúa viviendo en un **monumento** en línea interactivo. Puedes dejar una hoja virtual en el árbol y contarle al mundo de qué manera te inspiró Anne.

"Casi todas las mañanas voy al ático para expulsar el aire viciado fuera de mis pulmones. Desde mi lugar favorito en el piso, levanto la mirada hacia el cielo azul y al castaño desnudo, sobre cuyas ramas brillan pequeñas gotas de lluvia, que parecen de plata, y a las gaviotas y otros pájaros que planean en el viento".

—*Anne Frank*

Buenas noticias

En junio de 1944 hubo agitación en el Anexo Secreto. La radio informó que las **Fuerzas Aliadas** ya estaban en Europa, luchando contra el ejército de Hitler. A medida que llegaban noticias sobre las batallas, Otto seguía su progreso en un viejo mapa pegado sobre la pared. Anne escribió en su diario que estaban llegando amigos para ayudarlos.

El mapa de Otto, con el seguimiento de la invasión de las Fuerzas Aliadas

Ante la marcha de los aliados a través de Europa, Hitler y su ejército se desesperaron. Temeroso de perder el poder, Hitler les hizo la vida más difícil a todos. La familia Frank estaba en constante peligro de ser descubierta. En cierta ocasión entraron ladrones en la fábrica y estuvieron a punto de descubrir la entrada al Anexo Secreto. Temerosos, todos permanecieron en silencio durante dos largos días.

El día D

El 6 de junio de 1944 se conoce como el día D. Las Fuerzas Aliadas irrumpieron en las playas de la costa norte de Francia. Los aliados avanzaron hacia Alemania y hacia la derrota de Hitler.

Soldados amenazan a un grupo de judíos.

Medidas extremas

En los días finales de la guerra, Hitler supo que perdía. Sin embargo, no quiso caer sin pelear. Hacia el final, trató de matar la mayor cantidad de judíos que pudiera antes de que la guerra terminara.

Capítulo 3

El arresto

En agosto de 1944 se volvió realidad la peor pesadilla de Anne: la policía nazi encontró el escondite de los Frank. Alguien había avisado a la Gestapo. Cada uno de los miembros del Anexo Secreto tuvo cinco minutos para preparar una maleta. Fueron arrestados e interrogados. Después los subieron a trenes y los enviaron a un **campo de concentración**. Mientras estuvieron allí pudieron permanecer juntos. Pero pronto los pusieron en un tren tan atestado de gente que no había lugar para moverse. Cuando el tren se detuvo, separaron a hombres y mujeres. Anne fue separada de su padre y de Peter. Anne, Margot y su madre, junto con el resto de las mujeres del tren, fueron obligadas a caminar. Fueron a un campo de mujeres.

el vallado de Auschwitz, el campo de concentración más mortífero durante la guerra

Escondidos

Hubo aproximadamente 25,000 judíos escondidos en Holanda. Por medio de la violencia y el miedo, la Gestapo pudo localizar alrededor de 9,000.

una entrada en el diario de Anne

Frente a la maldad

Anne pensaba sobre lo que sucedía en el mundo que la rodeaba. Una vez escribió que "todo es tan diferente de los tiempos normales y de la vida de la gente común". Se preguntaba qué podía hacerse frente a tanta maldad.

Los campos hoy

En la actualidad, los campos han sido convertidos en museos. Cerca de un millón de personas viajan a Europa para ver los campos personalmente. Muchos de los documentos de guerra de Hitler pueden verse en los museos.

Vida de prisioneros

La vida en el campo de concentración era **horrorosa**. Los prisioneros eran tratados con crueldad. Al igual que a todos en ese lugar, a Anne le rasuraron el cabello. Le quitaron todas sus pertenencias personales. La obligaron a usar un saco de tela gris que la protegía muy poco del frío. Poco después, Anne y Margot fueron separadas de su madre y trasladadas al campo de Bergen-Belsen. Allí, tanto Anne como Margot contrajeron **tifus**. En marzo de 1945, con solo 15 años de edad, Anne murió.

Apenas unas semanas después de su muerte, Hitler **se rindió**. Las Fuerzas Aliadas viajaron a cada uno de los campos de concentración y liberaron a los prisioneros. Otto Frank fue la única persona del Anexo Secreto en sobrevivir al **Holocausto**. Después de la guerra, se fue a vivir con Gies y su esposo a Ámsterdam.

prisioneros en fila

Tifus

El tifus se contagia a través de los piojos y las pulgas. Causa fuertes dolores estomacales y fiebre muy alta. Debido a que se transmite a través de insectos difíciles de controlar, la enfermedad se contagia fácilmente.

Dos filas

A la entrada de los campos de concentración de Hitler, las personas se separaban en dos filas. Los sanos y fuertes se ponían en una fila. Se los mantenía vivos para realizar el **trabajo manual**. La otra línea era para las personas consideradas viejas o débiles. Esas personas eran ejecutadas de inmediato.

estación de tren de Auschwitz

Las víctimas de Hitler

Anne fue una de millones de vidas perdidas durante el Holocausto. Hacia el final de la guerra, Hitler y los nazis habían ejecutado a 11 millones de personas. Auschwitz fue el peor de todos los campos. Se lo conocía como *campo de exterminio*.

Margot murió de tifus apenas unos pocos días antes que Anne.

La fortaleza interior

¿De dónde sacó la gente la fuerza para continuar? Sin importar lo malo de la situación, la esperanza de la libertad los mantenía vivos. Para algunos era la esperanza de que Hitler fuera vencido. Muchas personas eran **luchadoras de la resistencia** que rescataban judíos y peleaban contra los nazis de cualquier manera posible. Otras tenían algo por lo que querían vivir. Los padres querían vivir por sus hijos. Los músicos, artistas y escritores querían continuar con su trabajo. Tener esperanzas ayudó a muchos de ellos a sobrevivir.

Viktor Frankl

Algo por qué vivir

Viktor Frankl fue otro sobreviviente del Holocausto. Él se dio cuenta de que las personas que tenían esperanza eran aquellas que tenían una razón para sobrevivir. Después de la guerra escribió un libro famoso, titulado *El hombre en busca de sentido*. Se trata de cómo las personas tienen mayores posibilidades de sobrevivir si tienen algo o alguien por lo que vivir.

Otro sobreviviente

David Bram primero fue enviado a un campo de trabajo y luego a campos de concentración. Trabajó mucho porque quería sobrevivir para volver a ver a su familia. Las tropas estadounidenses lo liberaron del campo. Después de la guerra se mudó a Estados Unidos. Cuando habla sobre su época en los campos, dice que a menudo se decía a sí mismo: "Mientras lata mi corazón, nunca me daré por vencido".

Prisioneros jubilosos celebran su libertad de un campo de concentración.

Capítulo 4

La voz de Anne

Después de que los Frank fueron arrestados y trasladados, Gies encontró el diario de Anne. Lo protegió durante más de dos años. Cuando terminó la guerra, se lo devolvió al padre de Anne. Otto se enorgulleció de las palabras de su hija. Él le contó al mundo que ella defendía a todos aquellos que sufrían por causa de sus convicciones, color o raza. Anne vivió durante una época en la cual el odio, el **prejuicio** y la crueldad parecían reinar en todas partes. Sin embargo, se rehusó a permitir que esos sentimientos formaran parte de quien era ella. Ella era como cualquier niña normal: peleaba con su familia, decoraba su cuarto con pósteres de estrellas de cine y soñaba con cómo sería su vida cuando fuera mayor. Y aunque veía cuánta crueldad podían tener las personas, seguía teniendo esperanzas. En su diario escribió: "A pesar de todo, sigo creyendo que la gente es buena en el fondo".

Queridos diarios

Anne no fue la única niña en escribir sobre la guerra. Hubo otros niños que llevaron diarios acerca de su vida en la clandestinidad. Entonces, ¿por qué el diario de Anne se convirtió en el más famoso? ¿Es porque ella era una "pequeña comediante"? ¿Porque su personalidad cordial nos hace sentir como si la conociéramos? O quizá se deba a que su fortaleza nos sirve de inspiración. Sea cual fuere la razón, Anne cautivó el corazón del mundo. A través de sus palabras, vivirá para siempre.

Fosa común

Anne y Margot fueron enterradas junto con miles de otras personas en una **fosa común**. Esta lápida en un campo les rinde honor, pero no es allí donde están enterradas.

Recordando a Anne

"Quiero seguir viviendo incluso después de mi muerte", escribió Anne en su diario. En la actualidad, todos los años, cerca de un millón de personas visitan el Anexo Secreto donde Anne estuvo escondida durante 25 meses. Atraviesan la puerta de la biblioteca e ingresan en el pasado. Allí pueden ver el diario de Anne. Ven dónde su familia pasó sus días. Sienten qué apretado era el espacio y tratan de imaginar cómo era estar escondido allí. El mundo se une para mantener vivo el recuerdo de Anne.

Otto sostiene un premio que se le entregó después de que el diario de Anne vendiera más de un millón de copias en todo el mundo.

El diario de Anne ha sido publicado en todo el mundo en distintos idiomas.

Otto Frank

Transmitir al mundo

Otto quiso compartir la esperanza de Anne con el mundo. El diario de Anne fue publicado por primera vez en 1947 con el título de *The Secret Annex*. En 1952 se publicó en Estados Unidos. En 1955 se escribió una obra de teatro basada en el diario de Anne. La obra de teatro también fue convertida en una película ganadora de un premio.

Línea de tiempo de la vida de Anne Frank

1940
El ejército nazi de Hitler ataca Holanda.

1941
Todos los judíos en Holanda son obligados a usar la Estrella de David.

1929
Anne nace en Fráncfort, Alemania.

1942
Anne recibe su diario como regalo de cumpleaños de su padre.

1942
La familia Frank entra en la clandestinidad.

1944
Se descubre el Anexo Secreto.

1945
Anne muere de tifus en el campo de Bergen-Belsen.

> "Todos estamos vivos, pero no sabemos por qué ni para qué; todos estamos buscando la felicidad; todas nuestras vidas son diferentes y sin embargo son las mismas".
>
> *—Anne Frank*

1947
El diario de Anne se publica bajo el título *The Secret Annex*.

1945
Hitler se rinde.

1957
Otto Frank ayuda a crear la *Anne Frank Foundation*.

1960
Se inaugura la Casa de Anne Frank en Ámsterdam.

Glosario

alias: nombres inventados que se utilizan para ocultar la identidad de un escritor o de aquellas personas sobre las cuales escribe

Anexo Secreto: un añadido oculto y pequeño de un edificio

antisemitismo: hostilidad o prejuicio en los sentimientos, la forma de hablar o las acciones hacia los judíos

campo de concentración: un lugar durante la Segunda Guerra Mundial donde se reunía a los judíos y a otros "intrusos" y se los obligaba a trabajar o se los ejecutaba

confidente: alguien a quien puedes contarle tus secretos

crisis: una época en la que las cosas son sumamente inestables e inseguras

estrecho: apretado

fosa común: una tumba que contiene muchos cadáveres no identificados

Fuerzas Aliadas: Gran Bretaña, Francia, Rusia y más tarde Estados Unidos; el grupo de países que pelearon contra Alemania en la Segunda Guerra Mundial

Gestapo: la policía secreta de la Alemania nazi

Gran Depresión: crisis económica y período de escasa actividad comercial en Estados Unidos y otros países, que comenzó con el derrumbe bursátil de 1929 y continuó hasta gran parte de la década de 1930

Holocausto: masacre de judíos europeos en los campos de concentración nazis durante la Segunda Guerra Mundial

horrorosa: que causa horror, o dolor y miedo abrumadores causados por algo terrible

judíos: relacionados con la religión judaica

luchadoras de la resistencia: personas que pelearon contra los nazis

marginados: personas que no son aceptadas por la sociedad

montones: grandes cantidades

monumento: algo creado en memoria de alguien o de un acontecimiento

partido nazi: el partido político fundado por Hitler

prejuicio: juzgar a otras personas sobre la base de sus diferencias, a menudo debido a diferencias raciales o religiosas

racionamiento: reglas que limitan la cantidad de algo que una persona puede tener

se rindió: se dio por vencido

sinagogas: lugares de culto judíos

sociable: conversadora y abierta con las personas; no tímida

Solución Final: el programa nazi destinado a matar a todos los judíos

tifus: una enfermedad grave transmitida por piojos y pulgas

trabajo manual: trabajo físicamente intenso

variada: formada por todas las diferentes clases

Índice

Bibliografía

Auerbacher, Inge. *I Am a Star: Child of the Holocaust.* **Puffin, 1993.**

Esta es la autobiografía de una niña que vivió en un campo de concentración con su familia durante tres años, desde la época en que ella tenía siete. Cuenta cómo la obligaban a usar una estrella amarilla y continúa narrando a lo largo de los años que pasó en el campo, hasta la liberación de la familia.

Frank, Anne. *The Diary of a Young Girl: Definitive Edition.* **Bantam, 1997.**

Lee sobre la vida de Anne en sus propias palabras. Esta es la versión traducida del diario publicado que Anne Frank escribió en holandés.

Lee, Carol Ann. *Anne Frank's Story: Her Life Retold for Children.* **Troll Communications, 2002.**

Este libro cuenta sobre la vida de Anne Frank antes, durante y después de su época en la clandestinidad. Incluye fotografías de la familia Frank y del Anexo Secreto.

Lowry, Lois. *Number the Stars.* **Houghton Mifflin Harcourt, 1989.**

Esta novela, basada en hechos reales, cuenta la historia de una familia dinamarquesa que protegía a los judíos y los ayudaba a escapar de los nazis. La historia es contada a través de la mirada de una niña de diez años, cuya familia ayuda a la familia de su mejor amiga a salir del país.

Zullo, Allan and Mara Bovsun. *Survivors: True Stories of Children in the Holocaust.* **Scholastic Paperbacks, 2005.**

Este libro contiene los relatos de nueve niños y niñas judíos que sobrevivieron al Holocausto.

Más para explorar

Anne Frank Center

http://www.annefrank.com

Situada en la ciudad de Nueva York, esta organización sin fines de lucro educa a los estudiantes sobre la tolerancia, el Holocausto y el legado de Anne Frank.

Anne Frank House

http://www.annefrank.org

Este sitio web incluye una línea de tiempo interactiva y una visita en línea de la casa en la que estuvo escondida la familia de Anne Frank.

The Children of the Holocaust

http://thechildrenoftheholocaust.com/

Este sitio web incluye temas como tolerancia para niños, sobrevivientes del Holocausto, actividades de diversidad y hechos del Holocausto.

The Museum of Tolerance

http://www.museumoftolerance.com

Explora las biografías de niños de la Segunda Guerra Mundial, así como también una línea de tiempo del Holocausto.

Students Against Violence Everywhere

http://www.nationalsave.org/

SAVE es una organización impulsada por estudiantes. En el sitio web de SAVE aprenderás sobre las alternativas a la violencia, destrezas para la gestión de conflictos y las virtudes del buen ciudadano, urbanidad y no violencia. Puedes practicar lo aprendido a través de proyectos escolares y de servicio a la comunidad.

Acerca de la autora

Tamara Leigh Hollingsworth nació y se crió en Cupertino, California. Asistió a la Universidad de Hollins, donde obtuvo un título en Inglés. Es maestra de escuela preparatoria en Inglés desde hace muchos años. Actualmente reside en Atlanta, Georgia. Cuando no trabaja con sus queridos alumnos, a Tamara le encanta compartir tiempo con su esposo, su hija y sus libros, especialmente las biografías.

Visitantes de la Casa de Anne Frank examinan una réplica del Anexo.